[illegible] PARLEMENTAIRE FRANÇAIS DE L'ARBITRAGE INTERNATIONAL

Pour et contre l'Esperanto

COMMUNICATION FAITE AU GROUPE PARLEMENTAIRE FRANÇAIS DE L'ARBITRAGE

PAR LES PRINCIPAUX REPRÉSENTANTS DES GROUPES ESPÉRANTISTES

EN RÉPONSE A M. J. NOVICOW

[illegible] CH. [illegible]

[illegible] PARIS

[illegible]

GROUPE PARLEMENTAIRE FRANÇAIS DE L'ARBITRAGE INTERNATIONAL

Pour et contre l'Esperanto

COMMUNICATION FAITE AU GROUPE PARLEMENTAIRE FRANÇAIS DE L'ARBITRAGE

PAR LES PRINCIPAUX REPRÉSENTANTS DES GROUPES ESPÉRANTISTES

EN RÉPONSE A M. J. NOVICOW

LIBRAIRIE CH. DELAGRAVE

15, RUE SOUFFLOT, PARIS

—

1911

Pour et contre l'Esperanto

* * *

Dans la séance tenue le 21 février 1911 à la Chambre des Députés par le Groupe parlementaire de l'Arbitrage, a été reprise la discussion de la question de l'Esperanto que M. J. Novicow avait posée de si remarquable façon le 10 Juin 1910.

Les principaux partisans de la langue auxiliaire internationale avaient été vivement émus des objections de M. Novicow. Les critiques du savant russe avaient provoqué contre eux de nouveaux adversaires, notamment M. Ajam, député de la Sarthe, qui, ayant fait sienne la thèse de l'éminent philosophe, avait mené contre les esperantistes une vive campagne de presse.

MM. Justin Godart, président du Groupe esperantiste de la Chambre des Députés, le professeur Carlo Bourlet, le général Sébert, le professeur Cart, chefs des différentes associations de propagande avaient exprimé le désir de présenter leur thèse aux membres du Groupe de l'Arbitrage et de répondre à leurs adversaires. M. Archdeacon, l'un des plus ardents, absent de Paris, s'était excusé.

A notre collègue, M. Ajam, très désireux de préciser les raisons de son initiative, s'était joint M. Sylvain, Ministre à Paris de la République de Haïti, partisan résolu du français langue internationale.

Les membres du Groupe avaient répondu fort nombreux à la convocation du président. Malgré les difficultés de l'heure, sollicités par les travaux parlementaires, MM. G. Menier, Surreaux, Pinault, Patureau-Mirand, Dumas, Javal, Breton, Bar, Bouttié, F. Buisson, Ajam, Couasnon, Joly, Général Pedoya, Bender, Derveloy, Loth, Larquier, Cosnier, des Lyons, de la Batut, Simyan, V. Morel, etc., suivirent la discussion jusqu'au moment où, en raison de l'importance de la séance de la Chambre des Députés et de la gravité des scrutins, le Président fut obligé d'interrompre le débat.

Après quelques paroles de bienvenue adressées à nos invités, M. d'Estournelles de Constant rappelle la réunion du 10 juin 1910 au cours de laquelle M. Novicow avait été appelé à parler de la langue française et de sa puissance d'expansion avec une telle force persuasive qu'il avait jeté le trouble parmi les esperantistes et que certains d'entre eux en étaient arrivés à mettre en doute la valeur de leurs efforts.

Le Président traduit le désir de ses collègues d'entendre l'antithèse après la thèse. C'est la seule méthode qui puisse permettre un jugement impartial.

Il donne la parole à M. le Général Sebert :

Communication de M. le Général Sebert

Dans le remarquable rapport qu'il a établi, au nom de la Commission du budget de la Chambre des Députés, sur le projet de budget du Ministère de l'instruction publique, pour l'exercice 1911 [1], M. Steeg a fait ressortir, par d'intéressantes statistiques, le fait que la langue française se répand

---

(1) Voir *Journal Officiel* — Documents parlementaires — Annexe n° 370. Séance du 12 Juillet 1910.

de plus en plus dans les pays étrangers, malgré l'extension parallèle qu'ont pu recevoir également les langues de nations rivales de la nôtre et notamment les langues allemande et anglaise.

Il arrive à conclure de ce fait que la langue française est certainement appelée à être adoptée universellement un jour pour les communications internationales, en se répandant, de plus en plus, dans tous les pays, comme langue classique et langue usuelle des élites et de la bonne société, conformément à la thèse que soutient avec éclat depuis plusieurs années M. Novicow et que M. Dauzat a appuyée dans des articles remarqués de la Revue.

Il y aurait un peu à rabattre, je crois, de ces conclusions optimistes, si l'on ne considérait pas seulement, dans l'emploi de la langue française, le côté littéraire ou celui des applications aux usages courants des relations mondiales, mais si l'on envisageait aussi, en entrant dans plus de détails que ne le fait le rapport de M. Steeg, le côté scientifique ou même simplement le côté commercial de la question, mais ce n'est pas là le point de vue spécial que je veux particulièrement envisager.

Je crois pouvoir dire, en effet, que nous sommes entièrement d'accord avec M. Steeg et avec M. Novicow quand ils énoncent l'assertion que la langue française est appelée à devenir, de plus en plus, la langue universellement recherchée et

employée comme langue des élites et de la bonne
société en tous les pays.

Si nous différons d'avis avec eux quand il s'agit
du rôle à attribuer en même temps à la langue
artificielle Esperanto, c'est qu'il y a entre eux et
nous un malentendu.

Nous ne parlons pas de la même chose. — Ils
ne considèrent que la langue des élites et de la
bonne société, celle que seules peuvent parler des
personnes susceptibles de recevoir une certaine
éducation, tandis que nous parlons de la langue
que doivent pouvoir parler tous les hommes quelle
que soit leur situation de fortune.

Le rapport de M. Steeg signale bien, qu'en
dehors des efforts qui seront à faire, dans les
pays étrangers, pour aider à cette diffusion de la
langue française il y a aussi, pour nous, une
tâche considérable à remplir pour répandre la
connaissance de cette langue parmi les peuplades
encore peu civilisées soumises à notre domination
ou au moins à notre action et que nous avons à
amener à la civilisation.

Il constate d'ailleurs, en passant, qu'il ne peut
être question de l'adoption universelle du français
se substituant partout aux langues maternelles,
mais seulement de son emploi comme langue
seconde, à côté des langues nationales, pour les
relations internationales. Tout en reconnaissant
que ce n'est guère que par les élites que la langue
française pourra être apprise et pratiquée, il

signale que cependant, dans certains pays, notre langue se répand de plus en plus en dehors des hautes classes et dans la petite bourgeoisie et qu'elle est parfois, comme en Australie, enseignée dans tout établissement s'adressant à la classe aisée.

Il en déduit finalement cette conséquence, « sauf « l'intervention d'un facteur inconnu, toutes les « vraisemblances sont pour une pénétration de « plus en plus étendue du français, en tant que « langue seconde.

« Les faits sociologiques, dit-il, travaillent dans « le même sens que les qualités propres de notre « langue. Par une sorte de conspiration tacite de « tous les peuples, elle semble devoir être un jour « la langue étrangère la plus universellement « parlée. »

Mais dans son examen de la question M. Steeg n'a pas recherché les limites auxquelles paraît devoir s'arrêter l'enseignement de la langue française par suite des difficultés réelles qu'en présente l'étude, comme celle d'ailleurs de toutes les autres langues nationales actuellement existantes. Il a passé sous silence les obstacles de prononciation que rencontrent les étrangers quand ils veulent parler une autre langue que la leur, difficultés qui font que la langue française comme toutes les autres langues nationales existantes ne pourrait être employée, comme langue internationale, que par une partie restreinte des populations du globe, tandis que la situation du monde est telle aujourd'hui, en présence du développement inouï des moyens de communication, qu'il faut doter l'humanité d'une langue seconde commune, facile à apprendre et à parler uniformément et que tous les hommes, quelle que soit leur condition sociale, puissent arriver aisément à posséder.

Or cette langue existe et elle s'est répandue déjà peu à peu dans le monde entier, par un travail lent et continu de plus de 20 années. Cette langue c'est l'Esperanto et c'est là certainement le facteur inconnu dont l'intervention doit modifier les conclusions du rapport de M. Steeg.

Ce rapport n'a envisagé l'éventualité de l'adoption d'une langue artificielle qu'à propos de l'objection qui a été faite souvent et avec juste raison contre la possibilité de l'acceptation, par consentement international, d'une des langues nationales actuelles, comme langue *supranationale*, à titre d'instrument d'échange entre les peuples, objection basée sur ce que les grandes nations, qui rivalisent entre elles pour obtenir la suprématie dans le monde, ne pourraient consentir à laisser prendre à l'une d'elles la supériorité qui résulterait forcément de l'adoption de sa langue pour cet usage.

M. Steeg rappelle qu'on a proposé, pour tenir compte de cette objection, de recourir, comme langue internationale, à l'usage d'une langue artificielle qui étant absolument neutre pourrait être adoptée par tous comme l'organe supérieur d'échange.

Mais pour l'examen de cette solution, il paraît s'être contenté de recueillir les seules opinions formulées à ce sujet par M. Novicow ou celles résumées par M. Dauzat dans la *Revue*, sur la foi de renseignements certainement insuffisants. Il écrit, en effet, que les divers systèmes de langues artificielles qui ont été proposés si nombreux déjà (car on sait qu'on en peut compter plus de 159) se succèdent plus rationnels, plus perfectionnés les uns que les autres et que c'est cette perfectibilité à l'infini qui, rendant impossible l'entente nécessaire, interdit à toute langue artificielle l'espoir d'être un jour la langue universelle.

(Proclamer cet aphorisme contestable c'est se faire l'écho des querelles des linguistes de profession qui, pour écarter tout problème gênant, n'avaient pas hésité à insérer, dans les statuts de l'ancienne société de philologie, l'interdiction de s'occuper, dans cette société, de la question des langues artificielles mise ainsi au même rang que celle de la quadrature du cercle pour l'Académie des Sciences.)

M. Steeg va d'ailleurs plus loin dans ses conclusions, car il cite, en semblant s'y associer, une assertion pessimiste qui, si elle était justifiée, rendrait inutile toute discussion ultérieure.

Cette assertion est due à M. Molenaer, l'un des auteurs malheureux de projets de langues artificielles qui n'ont pas rencontré le succès.

L'inventeur de l'Universal aurait, en effet, écrit un jour, dans un mouvement de découragement peut-être, puisque depuis cette époque il continue néanmoins à prôner sa création « plus je pense au problème, plus je me convaincs qu'une langue artificielle, fut-elle la plus parfaite, est impossible comme langue internationale. »

Mais à cette assertion pessimiste il suffit d'opposer les faits. Ainsi que je l'ai dit plus haut, une langue internationale existe et a fait ses preuves. L'Esperanto s'est introduit dans toutes les parties du monde, en dépit du scepticisme et même de l'opposition des classes dirigeantes et des objections des philologues de carrière qui visent une perfection théorique qui n'est pas de mise ici.

A l'opinion d'une autorité isolée, sujette à caution dans l'espèce, comme celle de l'honorable M. Molénaer, il convient d'opposer celles des nombreuses notabilités dont les noms figurent sur les listes des Comités de patronage des œuvres esperantistes.

Ce ne sont pas, il est vrai, pour la plupart, des linguistes théoriciens, mais des savants illustres et des hommes éminents qui ont le sens des nécessités pratiques de la vie et qui témoignent de faits qu'ils ont pu voir et constater.

Il suffit d'ailleurs d'avoir assisté à des réunions des Esperantistes et notamment aux Congrès universels qu'ils ont organisés chaque année, depuis 6 ans, pour être édifié sur la réalité des faits que j'invoque.

Est-il besoin de rappeler quelques-uns des noms auxquels je fais allusion ? En me bornant à la France, je citerai : MM. Appell, d'Arsonval, Baillaud, Bonnier, Bouchard, Deslandres, Armand Gautier, Heller, Leauté, Lippmann, Painlevé, Prince Roland Bonaparte, Dr Roux de l'Académie des Sciences.

MM. Lavisse et le Général Langlois de l'Académie française, M. Boirac, recteur de l'Académie de Dijon ; MM. Laisant, Meray, Noblemaire, Bellan, Gariel, l'amiral Bayle, le général Priou, etc.

Je m'arrête dans cette énumération qui ne comprend qu'une faible partie des noms que je pourrais citer et auxquels il faudrait ajouter des noms d'hommes également en vue dans tous les pays étrangers.

On peut trouver ces noms dans les listes des Comités de patronage des nombreux journaux esperantistes qui se publient déjà dans tous les pays du monde et dont je ne citerai qu'un seul, la *Scienca Revuo*, organe de l'Association scientifique esperantiste internationale, revue qui en est à sa sixième année de publication et dont je présente ici un spécimen.

L'existence de cette Association et de cette Revue internationale, entièrement rédigée en Esperanto et qui a déjà abordé, dans ses colonnes, les sujets scientifiques ou techniques les plus variés, est la meilleure réponse à ceux qui nient encore la possibilité de la création et de l'emploi pratique d'une langue artificielle internationale s'adaptant à tous les besoins de la vie.

Une brochure que j'ai publiée, à l'occasion de l'Exposition universelle qui a eu lieu l'an dernier à Bruxelles, renferme des indications précises sur l'état d'expansion actuel de la langue Esperanto [1].

Il suffit, je crois, de la parcourir pour constater que la diffusion actuelle de cette langue constitue le fait nouveau, le fait indéniable qui, malgré toutes les prédictions théoriques contraires, fait que l'on est obligé de compter aujourd'hui avec ce mouvement latent et irrésistible qui imposera au monde, à bref délai, l'usage de la langue internationale auxiliaire Esperanto.

Ainsi que je l'ai dit dans une autre brochure [2], la France, pour conserver sa situation prépondérante dans le monde civilisé, a tout intérêt à se mettre à la tête du mouvement d'introduction de l'Esperanto dans l'enseignement, car la diffusion de cette langue, loin de nuire à l'expansion de la langue française et de l'influence de notre pays, contribuera, au contraire, à les développer toutes deux, surtout si elle est provoquée par nous.

Il ne me resterait, pour le démontrer, qu'à citer certains passages des brochures dont il s'agit, et c'est ce que je suis prêt à faire, si vous le jugez utile en appelant surtout l'attention sur les décla-

---

[1] La langue internationale auxiliaire Esperanto (1910).

[2] L'Esperanto et les langues nationales (1909).

rations, de la plus haute importance, faites dans le même sens et que j'ai rappelées dans ces brochures, notamment celle du vénéré professeur Mayor, de Cambridge, celle du lord maire actuel de Londres Sir Vezey Strong et celle du Comte Ayashi, le ministre des Affaires étrangères du Japon.

Je vous demanderai tout au moins, pour terminer, à vous citer ces appréciations d'étrangers qui ont une importance spéciale dans la question, car ce sont des témoins qui ont vu et qui savent de quoi ils parlent :

1. FACILITÉS QUE L'ESPERANTO PEUT APPORTER POUR L'ENSEIGNEMENT ULTÉRIEUR DES AUTRES LANGUES ET OPINIONS DU Pr MAYOR [1] A CE SUJET.

Il n'est pas d'ailleurs seulement question d'une langue plus ou moins facile à apprendre, qui soit : ou scientifique, à l'usage des congrès, ou même seulement pratique, à l'usage du commerce et de l'industrie, mais bien d'une langue commode et facile à apprendre, qui puisse servir également à tous ces usages.

C'est précisément la caractéristique de la langue Esperanto. L'on peut ajouter, à son actif, que l'étude de cette langue facilite, d'autre part, l'étude

---

[1] Le professeur Mayor est mort à la fin de l'année 1910 et M. Oscar Browning, de la même Université, lui a consacré un article nécrologique intéressant dans le numéro de Janvier du journal *The British Esperantist*.

de toutes les autres langues, de sorte qu'en enseignant à un étranger la langue Esperanto, un Français préparerait, par cela même, ce dernier, à apprendre ensuite, plus facilement, la langue française.

On voit quelles conséquences résulteraient de ce fait, si les Français, continuant leur action civilisatrice traditionnelle, se donnaient, aujourd'hui, pour mission d'introduire la langue internationale Esperanto dans leurs possessions lointaines et chez les peuplades encore peu civilisées qui les occupent.

La langue Esperanto convient merveilleusement comme premier moyen d'intercommunication avec des peuplades inférieures, et elle peut remplacer, en fournissant une solution bien plus satisfaisante (puisqu'elle constitue une langue riche et complète), les embryons de langue internationale que les nécessités de la vie nomade ont déjà partiellement introduits dans certaines des régions du globe, où des hommes, d'origine distincte, se trouvent accidentellement mis en présence, comme le *sabir* dans la Méditerranée, le *pigeon* dans les mers de Chine, le *langage des baleiniers*, l'*indoustani* et le *malais* dans l'Inde ou le *lubi* dans les régions congolaises, etc.

Celui qui se servira, dès le début, de cette langue, dans un pays neuf, pourra l'utiliser, ensuite, comme introduction à l'étude de sa propre langue et ainsi, il travaillera à introduire, dans ce pays, la langue et l'influence de sa propre nation.

Est-il besoin, en effet, de signaler quelle influence peut donner, à ceux qui pénètrent les premiers dans un pays, le fait qu'ils y ont apporté pacifiquement, avec eux, les bienfaits de la civilisation, et parmi ces bienfaits en sera-t-il de plus grand que celui d'avoir doté les habitants d'une langue facile à apprendre et qui leur permettra d'entrer en communication avec le reste de l'univers.

Le fait que l'enseignement initial de l'Esperanto facilite l'enseignement ultérieur des autres langues étrangères, a été signalé notamment par l'illustre professeur d'humanités de l'Université de Cambridge, le vénérable professeur Mayor, qui à l'âge de 83 ans a appris l'Esperanto, à l'occasion du Congrès tenu dans cette ville. Il a pu prononcer alors de remarquables allocutions en Esperanto même et il a pris la peine d'indiquer, dans une circulaire adressée aux Universités d'Angleterre, dans quel ordre les langues étrangères lui paraissent devoir être enseignées, aux jeunes élèves anglais, en commençant par l'Esperanto [1].

Déjà des Espérantistes ont tiré parti de cette remarque pour préparer des grammaires rédigées en Esperanto et destinées à enseigner d'autres langues étrangères à ceux qui connaissent le langage international [2].

L'Alliance française aurait dû faire son profit de ces observations. Elle dépense, en effet, des sommes considérables pour chercher à introduire la langue française dans les pays étrangers, mais

---

[1] Voir la brochure : *La Presse et les Congrès d'Esperanto*. Paris, 1907. *Office Central Espérantiste.*

[2] Voir : Boulet, *Franca gramatiko por Esperantistoj*.

elle ne réussit guère qu'à fournir, gratuitement, l'enseignement de cette langue à des personnes de situation aisée, lesquelles, sans cela, auraient, pour la plupart, cherché à l'apprendre à leurs frais.

Elle n'est même pas arrivée à enrayer le mouvement de développement des autres langues que la nôtre, mouvement qui va en s'accélérant de jour en jour.

Si elle consacrait ses efforts, dans ces pays, à l'enseignement de la langue Esperanto, elle pourrait, avec cette dernière langue, faire pénétrer notre influence dans toutes les classes de la population et atteindre, par suite, des sphères nouvelles.

Elle introduirait aussi, plus facilement, la langue française elle-même dans les classes élevées, puisque l'enseignement de la langue internationale pourrait lui servir d'introduction.

Nos missions laïques, qui cherchent enfin à propager notre langue et notre influence, dans les pays d'Orient principalement, devraient également se donner ce même programme et combattre ainsi, par l'introduction d'une langue pouvant servir de prélude à l'enseignement du français, le système néfaste qu'ont souvent employé nos missionnaires catholiques, en enseignant à leurs néophites, pour ne pas les laisser prendre contact avec les autres colons français, un mauvais latin de cuisine ou même le provençal, comme je l'ai vu pratiquer à l'île Ouen, en Nouvelle-Calédonie, dans ma jeunesse.

2. Nécessité de l'enseignement de la langue
internationale. — Discours de Sir Vezey
Strong et lettre du Comte Ayashi (p. 19-21).

Il n'y a pas d'illusions à se faire. On a fait
fausse route, chez nous, en cherchant à suppléer,
par la multiplicité des cours de langues vivantes,
à l'insuffisance légendaire de l'instruction des
Français sous ce rapport.

Seul, l'enseignement de la langue internationale
peut amener les résultats que nous devons désirer.
Seul, il pourra aider au développement de l'instruction des jeunes Français, tout en contribuant,
quoiqu'on en dise, à l'expansion de notre langue
et de notre influence à l'étranger.

C'est l'exemple que se préparent à nous donner
nos rivaux. Combien, en effet, plus sages et plus
pratiques que les opinions que l'on entend si souvent formuler, chez nous, à la légère, sont les
déclarations qui se trouvent consignées dans des
documents étrangers que je veux citer ici, en
terminant.

En 1908, lors du passage, à Londres, des
Espérantistes retour du Congrès de Cambridge,
c'est l'alderman, Sir Vezey Strong, qui les rece-
vant, au Guildhall, en l'absence du lord-maire,
déclare dans son discours : « A parler franche-
« ment, en ma qualité d'Anglais, j'avais cru,
« jusqu'ici que la langue, appelée à être parlée
« par tous les peuples de l'univers, devrait être
« ma propre langue. Cela aurait été beaucoup
« plus commode, pour moi personnellement. Mais

« je comprends, maintenant, qu'il y a à cela de
« grandes difficultés. Je reconnais qu'en imposant
« comme langue internationale, à tous les peu-
« ples, une des langues nationales existantes,
« vous donneriez au peuple, parlant déjà cette
« langue, sur tous les autres, un avantage réel et
« non mérité, et si le langage universel ne peut
« être l'anglais, je reconnais qu'il doit être l'Es-
« peranto. »

A l'autre extrémité de la terre, au Japon, le
Comte Ayashi, Ministre des affaires étrangères,
dans une lettre adressée, à la date du 16 Novembre
1907, à la Société espérantiste japonaise, dont il
avait accepté la présidence d'honneur, fait les
déclarations suivantes :

« Quoique les langues anglaise et française
« soient relativement répandues, en dehors de
« leurs frontières respectives, cependant, non
« seulement la première, comme langue commer-
« ciale, mais aussi la seconde, comme langue des
« relations sociales, ont des sphères d'influence
« différentes. En outre, elles ne sont pratiques
« que pour une faible portion de l'humanité tout
« entière et, par suite, quand on tient compte du
« travail nécessaire pour les apprendre, on recon-
« naît que l'utilité en est trop restreinte. »

« C'est pourquoi nous voulons faire, de l'Espe-
« ranto, une langue internationale et ce n'est pas
« trop dire que de proclamer que notre entreprise
« est d'en faire l'Evangile du monde entier. »

« Au moment où notre nation, qui, pendant des
« siècles, avait fermé ses portes aux autres na-
« tions, s'éveille et entre en communication avec

« les nations européennes et américaines, au
« moment où nos relations deviennent plus inti-
« mes, non seulement avec le continent asiatique,
« mais encore avec les pays lointains, l'obstacle
« le plus gênant et le plus nuisible est la diversité
« des langues usuelles. »

« Pour que notre Empire ne reste pas en arrière
« de la civilisation du monde, il est nécessaire
« que l'enseignement des langues étrangères se
« développe et, cependant, on ne pourra jamais
« apprendre un assez grand nombre de langues
« européennes et autres. C'est pourquoi notre
« Association recommande, à nos compatriotes,
« d'apprendre l'Esperanto. »

Après avoir entendu M. le Général Sebert,
M. Ajam a tenu à préciser son attitude.

ALLOCUTION DE M. AJAM

Messieurs,

Je n'ai pas l'intention de répondre moi-même à
l'honorable Général Sebert. Je veux laisser la
parole à M. Novicow auquel nous ne saurions
reprocher d'avoir trouvé un peu long le voyage
d'Odessa à Paris et qui a bien voulu m'adresser,
à votre intention, une note qui répond point par
point aux arguments des esperantistes et de leur
protagoniste M. Archdeacon.

Je dois expliquer en quelques mots comment
j'ai moi-même réveillé cette polémique entre M.

Novicow et les esperantistes. Il y a quelques années, j'étais personnellement favorable à l'idée d'une langue artificielle. Appartenant depuis ma jeunesse à l'Ecole positiviste, j'avais trouvé chez mon maître Auguste Comte cette opinion qu'une religion de l'Humanité serait appuyée sur un langage universel. Plus tard, j'ai rencontré M. Archdeacon qui m'a tout à fait séduit et dont le livre a fait sur mon esprit une grande impression. J'allais à mon tour entrer en lice et rompre des lances en faveur de l'Esperanto ; j'avais même accepté de figurer avec M. Archdeacon dans un banquet esperantiste qui devait avoir lieu, lorsqu'ici même j'entendis, l'année dernière, la conférence de M. Novicow. Je ne veux pas faire ici l'éloge de ce distingué sociologue que vous connaissez tous. Ce n'est pas seulement un grand savant, un écrivain à vues originales et profondes, c'est un pur parisien. — Quand j'ai entendu cet homme, ce Russe, avec un admirable désintéressement me dire : « Malheureux ! que faites-vous avec votre *Esperanto ?* Vous supprimez la chance énorme que votre langue française a de s'imposer elle-même comme langue auxiliaire », quand j'ai entendu cela assorti de preuves et de statistiques, j'ai connu mon chemin de Damas, mon esprit s'est ouvert à la lumière, et je n'ai plus admiré chez les esperantistes que leur bonne foi.

Je ne suis pas un homme à systèmes, je ne crois qu'aux faits, aux témoignages.

Or, voici des étrangers, des *globe-trotters* qui ont fréquenté l'élite intellectuelle de toutes les nations, M. Novicow, l'illustre professeur Bavarois Heinrich Molevaar, le distingué Ministre plénipotentiaire d'Haïti, M. Georges Sylvain que j'ai le bonheur de voir ici ! Tous sont d'accord, eux qui ne se sont jamais rencontrés, pour nous crier : « Pas d'esperanto ! du Français ! En favorisant l'esperanto, vous tuez la langue française ! »

J'interroge ensuite tous les diplomates que je connais, les plus éminents, ceux qui ont débattu les intérêts français dans toutes les parties du monde. Tous me répondent : « L'Esperanto est contraire au développement du Français. »

Au Parlement, ce sont des défenseurs de la langue française, des membres de l'Université, c'est M. Thalamas, c'est M. Steeg, le rapporteur habituel du budget de l'Instruction publique qui viennent signaler à la tribune les dangers de l'Esperanto.

Quand donc, à la suite de la conférence de M. Novicow, j'ai repris à mon compte les idées de cet illustre Maître, en les résumant dans un article de *La Petite Gironde*, j'étais en bonne compagnie. J'ai donné pour titre à mon article : « Le Français contre l'Esperanto. » Il était courtois, mais vif, je le reconnais. Il fit plus de bruit que je ne le voulais. La presse s'empara de l'affaire. M. Archdeacon me répondit en me malmenant assez rudement, car il a beaucoup d'esprit.

Mais bientôt tous les esperantistes émirent la prétention d'encombrer la *Petite Gironde* de leurs récriminations. Mon journal eut peur et je fus prié de cesser la polémique, ce que j'ai fait avec bonne grâce, car si j'ai horreur de l'Esperanto, je suis plein d'estime pour les Esperantistes.

Née au sein du Groupe parlementaire de l'Arbitrage international, cette campagne devait fatalement s'y continuer. Les apôtres les plus notoires de la nouvelle Religion Esperantiste se sont donné rendez-vous ici. Je regrette que M. Archdeacon soit absent car c'est surtout à ses critiques que répond la lettre de M. Novicow dont je vais vous donner lecture. Elle contient mes arguments mieux que je ne saurais les dire. Après l'avoir écoutée, je pense que vous serez édifiés.

Lettre de M. J. Novicow

au groupe de l'arbitrage

M. A. Archdeacon s'efforce de démontrer que le français n'a aucune chance de devenir la langue auxiliaire internationale de l'Europe. Voici ses arguments. L'anglais, dit-il, est parlé par 143 millions d'hommes, le français, seulement par 49 millions. L'anglais, a donc une telle avance, que le français ne le rattrapera jamais. C'est donc l'anglais qui a le plus de chances de devenir langue internationale.

Cet argument ne paraît pas décisif. M. Archdeacon confond deux choses complétement différentes : la langue maternelle, parlée inconsciemment dès l'enfance, et la langue seconde, apprise consciemment à différentes époques de la vie. Le chinois est parlé par plus de 3oo millions d'hommes ; à raisonner comme M. Archdeacon, il faudrait admettre qu'il a deux fois plus de chances de devenir la langue universelle que l'anglais. Mais ce n'est pas le cas, parce qu'il n'y a pas littéralement *un seul homme* au monde ayant pratiqué le chinois dans les relations internationales. L'anglais est appris naturellement dès l'enfance par 143 millions d'hommes et le français par 49 millions. Mais s'il y a en Europe, parmi les Italiens, les Espagnols, les Roumains, les Turcs, les Bulgares et les Russes, un homme sur 1oo qui apprenne le français comme langue seconde et s'il n'y a qu'un homme sur 1.ooo qui apprenne l'anglais, l'avance du français, comme langue auxiliaire, sera dix fois supérieure à l'avance de l'anglais.

C'est ce que nous observons partout. En Russie, en Turquie, en Roumanie, en Italie, en Espagne, en Allemagne, dans l'Amérique du Sud, le nombre des natifs qui parlent le français dépasse de beaucoup le nombre de ceux qui parlent l'anglais. Jamais et à aucune époque on ne s'est servi exclusivement de l'anglais comme idiome de la bonne compagnie dans les salons de Madrid, de Turin, de Vienne et de Saint-Pétersbourg. Mais on s'est servi du français et, dans une mesure très appréciable, on s'en sert encore.

Dans certaines régions de l'Inde et de la Chine, l'anglais est plus répandu que le français. Cela est incontestable. Mais tout le monde comprend que la question de la langue auxiliaire sera résolue en Europe et non en Chine ou aux Indes.

Poursuivons l'examen des idées de M. Archdeacon. « Je suis aussi bon patriote qu'un autre. Je désire arrêter le flot envahisseur de l'anglais, et, comme, selon moi, le français n'en sera jamais capable, je veux lui opposer l'esperanto. »

Singulier raisonnement en vérité ! C'est comme si un ingénieur venait dire : « Le Rhône est un fleuve très puissant. Une digue de cent mètres de large ne peut pas arrêter son cours, alors, pour arrêter son cours, il faut lui opposer une digue d'un seul mètre de large. »

Le groupe de civilisation européen est formé de 600 millions d'hommes environ. Il n'est pas excessif d'affirmer qu'un de ces hommes sur cent sait le français. Cela fait donc 6 millions d'individus parlant cette langue. Ce chiffre est très probable. Il est sans doute inférieur à la réalité. Certainement plus de 33o.ooo Italiens, plus de 19o.ooo Espagnols, plus de 6o.ooo Roumains, de 6o.ooo Hollandais et de 42o.ooo Anglais connaissent l'idiome de Voltaire. Combien de personnes savent l'esperanto ? S'il s'en trouve 60.000 c'est le bout du monde. [1] Les esperantistes sont donc aux francistes comme un est à cent. M. Archdeacon croit que ce que le français, fleuve puissant et magnifique coulant depuis des siècles, ne pourra pas faire, l'esperanto, filet d'eau imperceptible le pourra ! Et l'esperanto n'est pas seulement un ruisselet minuscule, il est encore un ruisselet éphémère. En effet, je le demande à M. Archdeacon, à quel esperanto s'est-il rallié ? Est-ce à l'ancien, à la langue orthodoxe du Dr Zamenoff, ou au nouvel esperanto réformé, à l'ido, qui a été choisi comme langue auxiliaire par la délégation internationale ? On sait que les esperantistes et les idistes sont devenus des ennemis acharnés. Ils se lancent constamment des anathèmes. Si donc l'espéranto primitif et orthodoxe s'est déjà scindé en deux langues au bout de vingt-cinq ans d'existence, rien n'empêchera l'ido d'avoir le

---

[1] Il y a quelques années, au congrès de Boulogne, les esperantistes se flattaient d'être 250.000. D'abord qui les a comptés ? Que vaut cette statistique ? On exagère toujours le nombre des adhérents pour augmenter l'importance de la cause. En second lieu, après le congrès de Boulogne, les esperantistes se sont divisés en deux fractions : les conservateurs intransigeants et les novateurs, qui ont créé un dialecte nouveau, l'ido. En supposant le partage égal, les esperantistes seraient maintenant 125.000. Mais, dans ce nombre, combien il y en a-t-il de véritablement capables de soutenir une conversation en espéranto pendant cinq minutes ? Si l'on accorde qu'il y en a un sur deux, on est encore bien généreux ! Ainsi donc le nombre des esperantistes véritables indiqué dans le texte est probablement supérieur à la réalité.

même destin. Voit-on d'ici les partisans du français se scindant en groupes ennemis au bout de chaque quart de siècle ! Le Cid de Corneille est encore aussi compréhensible que lors de sa première représentation il y a deux cent soixante-quatorze ans.

Certes s'il y a jamais eu une utopie irréalisable, c'est bien l'espoir d'arrêter l'avance de l'anglais par un jargon cacophonique et éphémère comme l'esperanto ou l'ido ! La chance qu'a le français de devenir la langue auxiliaire est à la chance de l'esperanto comme mille est à un.

Notez que beaucoup de personnes, même dans les situations sociales modestes parlent le français d'une façon très courante. Or je défie un seul esperantiste de prononcer en esperanto un discours éloquent et enflammé. D'ailleurs les partisans des idiomes artificiels sont forts inconstants. J'avais un ami qui était un espérantiste passionné et militant, un des chefs du mouvement. Mais, dans ces derniers temps, il s'est intéressé à autre chose et il a négligé son esperantisme. Peut-on imaginer le même cas pour le français : une langue dans laquelle s'impriment tous les ans des dizaines de milliers de volumes sur toutes les branches du savoir humain, une langue qui, en littérature, enfante des chefs-d'œuvre à jet continu !

Ainsi donc, M. Archdeacon se trompe. L'esperanto n'est pas une arme assez efficace pour arrêter le flot anglais ; le français l'est dans une mesure beaucoup plus forte. M. Archdeacon dit que ses compatriotes ne veulent pas apprendre les langues étrangères et que cela leur fait un grand tort. Il a parfaitement raison. Que les Français apprennent l'anglais, l'allemand, l'espagnol et l'italien, rien de mieux. Ils feraient œuvre patriotique en s'instruisant le plus possible et en s'ouvrant les horizons les plus larges. Mais, quoi qu'en dise M. Archdeacon, certains français font sans s'en douter œuvre anti-patriotique lorsqu'ils viennent affirmer que leur langue magnifique n'est plus capable de jouer le rôle d'idiome international de l'Europe, dans l'avenir, alors qu'elle l'a joué d'une façon si brillante dans le passé. C'est mettre en doute la puissance de son pays, c'est travailler à décourager ses compatriotes ; c'est une entreprise dont il faut décourager les partisans.

M. Archdeacon dit, d'ailleurs, que l'anglais ne pourra pas devenir le parler universel parce que les autres nations, dès qu'elles auront senti le péril, lui opposeront une résistance invincible. C'est là se méprendre sur le mécanisme de l'expansion des langues internationales. Celles-ci se répandent précisément parce que leur connaissance est avantageuse et utile et parce qu'elles rencontrent des sympathies générales. C'est par suite de ces circonstances que le dialecte attique est devenu l'idiome international de l'orient romain, le toscan l'idiome pan-italique, le haut saxon l'idiome pan-germanique et, de nos jours, l'ordou l'idiome pan-indoustanique. A la cour de Catherine II on parlait le français sans aucune contrainte, on ne lui opposait aucune résistance, on lui ouvrait grandes les portes, on était fier de le posséder à la perfection.

Si les Français veulent vraiment faire preuve de patriotisme, ils doivent employer tous les moyens pour faire que leur langue jouisse des mêmes sympathies au XXe siècle qu'au XVIIIe. Mais les Français qui s'efforcent de ralentir les progrès de leur langue en favorisant la diffusion de l'esperanto travaillent, sans aucune constestation possible, contre la grandeur de leur patrie.

J. Novicow.

Vivement émus par la lecture de ce réquisitoire, les esperantistes protestent de leur patriotisme et le Président explique en quelques mots que pas un de ses collègues ne songerait à mettre en doute la valeur de leurs intentions patriotiques. Il ne viendrait à l'esprit de personne de voir ici un conflit de sentiment, chacun comprend qu'il s'agit au contraire de la plus noble compétition des serviteurs les plus dévoués de la civilisation française.

M. le Pr Cart répond à M. Ajam :

RÉPONSE DE M. LE Pr CART

Nos adversaires, s'ils ont l'éloquence, ont contre eux les faits.

Je suis désolé de les contredire ; mais mon expérience pratique m'en fait le plus impérieux devoir.

J'ai été par exemple appelé à fonder à Upsal une section de l'Alliance française. J'ai assisté à un fait bien impressionnant : alors que notre association se constituait péniblement, la concurrence anglaise progressait de façon déconcertante ; tous nos associés, possédant les deux langues, appartenaient aux deux groupes, tandis que, hélas, les associés anglais ne venaient pas grossir nos rangs.

C'est qu'en effet ce n'est pas dans les salons que se joue la partie décisive. C'est sur les places commerciales.

C'est le commerce qui fait triompher l'anglais. C'est par le commerce qu'il pénètre partout.

Contre une telle concurrence qu'on ne vienne pas nous parler du français langue de haute culture. Une telle langue est une mauvaise arme dans le combat de la vie pratique.

Il faut avant tout par la diffusion d'une langue auxiliaire très facile évincer la langue anglaise.

J'entends bien votre objection ; j'y ai répondu par avance dans un rapport que j'ai eu l'honneur d'adresser à M. le Ministre de l'Instruction publique après une mission :

EXTRAIT DU RAPPORT DE M. LE Pr CART

Pour nous autres Français, qui ne saurions aujourd'hui, sans montrer une rare naïveté ou une impardonnable ignorance, prétendre faire attribuer à notre langue le premier rang sur toute autre, ne devons-nous pas craindre, tout au moins, qu'en favorisant une langue neutre, nous ne nuisions à la diffusion du français et, partant, à notre expansion dans le monde ? [1]

On apprendra moins le français à l'étranger, dit-on, lorsque l'usage d'une langue neutre aura prévalu, et « qui apprend le français est un client de la France. » Il y a, dans cette assertion, un sophisme singulier et une erreur. Celui qui

---

[1] Il n'est pas exact de dire que le français est encore la langue de la diplomatie. Les langues rivales ont maintenant leur place à côté de lui, jusqu'au jour où, grâce à l'accroissement supérieur des populations qui les parlent, elles l'écarteront presque complètement. Il y a cent ans, tout diplomate étranger devait savoir le français ; aucun des nôtres n'avait *besoin* de savoir une langue étrangère. Aujourd'hui, combien d'hommes d'Etat, hors de France ignorent notre langue ? et qui oserait proposer de supprimer les langues vivantes au concours du Ministère des Affaires étrangères ? C'est faire preuve d'une singulière imprévoyance, que de s'opposer au nom du patriotisme français, à l'adoption d'une langue neutre qui, seule garantit les droits des futures minorités.

apprend l'allemand ou l'Anglais, devient-il l'obligé de l'Allemagne ou de l'Angleterre ? En fait, on étudie la langue d'un pays autant, si ce n'est plus, pour en devenir le fournisseur que le client. D'ailleurs, si même on devait moins apprendre le français au dehors, de notre côté, chez nous, nous consacrerions moins de temps à l'étude des langues étrangères et il y aurait compensation. *Mais il n'est pas démontré du tout que l'étude du français diminuerait.* Il y a toute probabilité, au contraire, pour que, le jour où les circonstances permettraient d'étudier une langue vivante, moins en vue d'un intérêt immédiat et matériel qu'en vue de la culture intellectuelle et littéraire, le français, éminemment *classique*, reprendrait, dans les pays cultivés, un rôle analogue à celui qu'il jouait en Europe au xviiie siècle. [1]

Considérant la question de plus haut, qu'est-ce que l'expansion de la France, sinon l'exportation de ses idées et de ses produits ? S'ils sont de qualité supérieure, ils finiront par triompher, pourvu que nous les fassions connaître. C'est à cela que doivent tendre tous nos efforts : pour nous répandre, nous devons user de tous les moyens que la civilisation met à notre service. Plus que tout autre, à côté du français insuffisant en l'espèce, — une langue neutre sera un de ces moyens. Il y aurait, de notre part, vis-à-vis

---

(1) Combien de fois ceux qui, hors de France, s'efforcent de maintenir une certaine tradition française, ne se sont-ils pas heurtés à cette objection : « Certes, nous admirons et aimons le français, mais c'est d'une langue plus journellement utile, plus pratique, que nous avons besoin ». — Voilà ce que continuellement on m'a dit en Suède alors que j'y étais en mission

de notre pays, une faute grave à ne le point utiliser : nous pouvons avoir, en la vitalité spirituelle et matérielle de la France, une foi assez robuste pour ne pas craindre que, se présentant à *égalité* sur le marché du monde, elle n'y occupe une place considérable et méritée. L'adoption d'une langue neutre, outre qu'elle ne saurait nous nuire, finira par s'imposer, parce qu'elle est la seule mesure qui réponde à notre besoin de justice internationale. Et en défendant la justice à l'égard de tous, ce sont ses intérêts les plus hauts, que défend un peuple.

Le Président donne alors la parole à M. Sylvain, Ministre de Haïti à Paris.

Messieurs,

Permettez-moi d'abord de remercier votre éminent Président, M. le Sénateur d'Estournelles de Constant, ainsi que mon très distingué et très sympathique voisin, M. Ajam, qui, en me conviant à cette réunion, m'ont procuré le plaisir de constater une fois de plus, dans un milieu de fine distinction intellectuelle, que rien de ce qui intéresse la grandeur de la France n'a cessé de préoccuper et d'émouvoir les intelligences françaises. J'acquitte aussi une dette de reconnaissance envers M. Novicow, qui eut le rare mérite de signaler à l'attention du grand public la question dont nous nous occupons, question capitale en vérité, non seulement pour la France et les pays de langue française, mais peut-être bien et par contre-coup pour l'avenir de la civilisation contemporaine.

M. Novicow a traité cette question avec une telle netteté, une telle plénitude et une telle puissance d'argumentation, que, pour ma part, je n'y trouverais rien à ajouter, la tâche des partisans de sa thèse ne pouvant guère, après lui, consister qu'à fortifier du résultat de leur expérience personnelle ses conclusions, à mon sens irréductibles.

S'il me fallait, par mes seuls moyens, juger du cas de l'esperanto, ma réponse ne serait pas longue. Je ne connais pas un traître mot d'esperanto. Le temps m'a manqué. Et je vous avoue en toute franchise que quand j'aurai le temps, je commencerai par apprendre l'espagnol, que parle presque toute l'Amérique latine ; puis je tâcherai de me perfectionner dans l'anglais. L'esperanto ne viendrait qu'à la file, si j'avais un surcroît de loisirs, soit dit sans aucune intention de le désobliger. Bien sincèrement, je n'ai contre lui aucun parti-pris. Mais la vie est abominablement courte : on n'a pas encore inventé les journées doubles et triples. Chacun est forcé d'aller au plus pressé. Et je ne me crois pas sur ce point différent de la masse de mes contemporains. Quand il s'agit d'apprendre une autre langue que sa langue maternelle, on préfère, en général, une langue naturelle, historiquement constituée, aux langues artificielles. Je ne vois pas que l'esperanto soit près de modifier cet état de fait.

On me dit pourtant : « La cause est entendue et gagnée. L'esperanto fait tache d'huile. C'est un mouvement irrésistible. Dépêchons-nous d'en prendre la tête, pour n'être pas distancés et n'avoir pas ensuite l'air de revenants. »

S'il en est ainsi, Messieurs, la réunion de ce jour n'a plus de raison d'être. Nous n'avons qu'à applaudir, et comme le bon soldat de Scribe, à nous « taire sans murmurer. » Mais la vérité est que si on discute encore, c'est qu'on a besoin de convaincre, et s'il reste du monde à convaincre, c'est qu'on n'a pas convaincu tout le monde. Feu La Palice m'envierait ce truisme. Donc discutons.

Le premier reproche que fait M. Novicow aux langues artificielles, c'est précisément d'être artificielles, ou en d'autres termes, d'être toujours un peu factices ; de vouloir créer arbitrairement en une matière où l'expérience démontre qu'il faut laisser agir les hommes en toute spontanéité, en toute liberté. L'esperanto a la prétention de se mettre en travers du mouvement progressif et continu qui pousse en Europe à l'adoption d'une des langues déjà existantes comme langue auxiliaire. La langue auxiliaire ne saurait s'imposer ; elle sera un fait, à un moment donné. Or, quelle est la langue dont les faits, interrogés avec sagacité, nous démontrent l'extension graduelle, mais certaine, *en tant que langue d'appoint,* dans l'ensemble des pays d'Europe ? Quelle est celle qui, dans l'état actuel des choses, a le plus de chances de devenir par l'Europe la langue auxiliaire universelle ? C'est la française. Ce fait est obscurci à notre observation, parce que le plus souvent nous sommes victimes d'une confusion. Nous avons tendance à croire que le rôle de la langue auxiliaire serait de se substituer plus ou moins à la langue nationale, de devenir une langue partiellement nationale. Il n'en est rien. Le français pendant un temps, au XVIIIe siècle, a joué vraiment ce rôle ; mais alors les langues nationales de la plupart des pays européens étaient à leur première phase de formation littéraire. Aujourd'hui qu'elles ont toutes acquis de ce chef leur autonomie, qu'elles ont chacune leur histoire, une telle concurrence n'est plus à craindre. Partout la langue auxiliaire laisse subsister la langue nationale dans toute sa force de développement.

On objecte que le français est trop difficile pour être appris en terre étrangère par la masse, par les gens du peuple. Mais si l'observation de M. Novicow ne le trompe pas, si en fait la pratique de la langue française gagne de plus en plus en Europe, l'objection se résout d'elle-même. Puis, à en juger par mes constatations personnelles, je ne pense pas que l'effort soit sensiblement plus grand pour passer de l'espagnol ou de l'italien au français que pour apprendre l'esperanto. Or, à difficulté presque égale, quel étranger hésitera à se mettre à l'étude du français ? Et même, s'il faut s'efforcer davantage, n'est-ce pas le cas d'aviser aux moyens de rendre l'effort moindre aux étrangers de bonne volonté, d'augmenter pour eux les facilités d'apprendre le français ? Or, tel est exactement le sens de la propagande de M. Novicow.

Et du coup se dresse son grief fondamental contre les langues artificielles. L'engouement qu'elles déterminent, par l'attrait de la nouveauté, par tout ce qu'y trouvent de satisfaction cet instinct de sociabilité, ce besoin de prosélytisme, qui sont des traits caractéristiques de votre race, nuit à la cause du français. Il y a là comme une déviation de forces. En dépensant pour imposer l'esperanto, — œuvre vaine — (c'est M. Novicow qui parle) une ardeur, une foi, une persévérance, dont nous avons pu tout-à-l'heure encore mesurer l'intensité et dont il serait injuste de méconnaître la beauté morale, on détourne une foule de bons Français de travailler d'un même cœur et d'un même élan à l'entreprise nationale entre toutes, la propagation de la langue française. Pensez qu'en un temps où les vieilles religions subissent... tant de contrariétés, l'esperanto est devenu presque une religion. Quelles merveilles n'auraient pas accomplies les Esperantistes, s'ils consentaient à être simplement... Comment dirai-je ?... des Francisans !

— « Nous le sommes ! » proteste M. Cart. « Nous prétendons, grâce au succès de l'esperanto, déterminer un nouvel épanouissement de la langue française, qui, par le concours de ce triomphant allié, retrouvera la même faveur qu'elle connut au XVIIIe siècle. »

Voilà certes une séduisante perspective ! Elle mérite d'être examinée de près. Comment se produirait le phénomène qu'on nous annonce ? Bien simplement. Il y a, selon les Esperantistes, un terrain sur lequel le français est actuellement en état d'infériorité manifeste vis-à-vis de l'anglais, voire de l'allemand, c'est celui où s'exercent entre les peuples les rapports de la vie économique. On préfère, pour commercer, apprendre l'anglais, parce que c'est plus facile, et même l'allemand, parce qu'il commence à être très répandu parmi le monde des affaires. Par son caractère pratique et utilitaire, par la facilité qu'il a d'être appris en peu de temps et sans grands frais, l'esperanto sera adopté de préférence à l'anglais et à l'allemand comme langue seconde, partout où l'on aura besoin de l'appoint d'une langue étrangère, et il le sera d'autant mieux que, parlé dans tous les pays, à lui seul il suppléera à toutes les langues étrangères usuelles pour les relations de la vie courante. Le terrain de la plus redoutable concurrence étant ainsi « déblayé » pour le français, celui-ci n'aura à lutter contre ses adversaires que dans le domaine des rapports intellectuels, où il recouvrera tous ses avantages et est certain de l'emporter. »

La réplique est ingénieuse. M'est-il permis de dire qu'elle ne lève pas tous mes doutes ni toutes mes inquiétudes ? Notez, Messieurs, que du point de vue spécial où nous sommes placés, la campagne de l'esperanto, pour se justifier, doit réussir. Si elle échoue, si même elle a de fortes chances d'échouer, elle est du coup condamnable ! Or, un premier point d'interrogation se pose : est-il bien vrai que la propagation de l'esperanto empêchera sensiblement l'anglais et l'allemand de continuer à se répandre au dehors ? J'en doute. Les succès de l'anglais et de l'allemand tiennent à des causes multiples. Quand les peuples se répandent, c'est avec leur langue. Il eût été extraordinaire que le prodigieux essor de la colonisation anglaise au siècle dernier, renforcé par le développement colossal des Etats-Unis de l'Amérique du Nord, pays de langue anglaise, ne se traduisît par une notable augmentation du nombre des peuples étrangers initiés à la pratique de l'anglais. De même, aux progrès méthodiques du commerce allemand, de l'industrie, de la navigation de l'Allemagne, à l'afflux régulier de l'émigration allemande dans les pays d'Amérique, devait correspondre inévitablement une plus grande facilité d'expansion pour le parler allemand.

Que demain des circonstances plus favorables (on ne sait jamais) permettent à la France de rattraper sur le terrain industriel et sur le terrain commercial l'avance prise par ses rivales, la langue française n'aura-t-elle pas vite fait de profiter de ce regain d'activité expansive pour multiplier ses conquêtes ?

L'esperanto ne saurait avoir la vertu d'éliminer les conditions d'ordre politique et économique qui actuellement favorisent la propagation des langues anglaise et allemande. Neutre par définition, il se prête également à tout le monde et davantage à ceux qui ont plus d'action, ou, si vous l'aimez mieux, plus de moyens d'action. Le jour où il en serait autrement, où il serait démontré, que, sous couleur d'esperanto, c'est à favoriser le français que l'on tend, soyez sûrs que les peuples rivaux ne se laisseraient pas faire : ils combattraient ce faux neutre.

Quels que soient, au surplus, les progrès de sa propagande, elle n'aura pas l'effet de supprimer pour l'esperanto les conditions de sa propre infériorité et de l'infériorité de toutes les langues artificielles au regard des langues naturelles. L'avantage de parler les langues naturelles étrangères est que par elles on a accès à leur littérature : elles ne sont pas seulement utiles comme moyen d'échanger des termes de conversation servant à la pratique de la vie matérielle, mais aussi, mais surtout comme support d'idées. Une langue, c'est une civilisation, avec tout ce que le mot comporte de richesses intellectuelles accumulées, de vie et d'humanité déjà fixées sous une forme continuellement agissante.

L'esperanto n'a pas de passé ; il n'a pas de littérature. Et c'est contre lui ma plus grosse objection.

On nous promet que cela viendra, que cela vient déjà. Mais si cet idiome doit devenir une « langue d'idées » et par là forcément se charger et se compliquer comme les langues naturelles, qu'est-ce qui le différenciera d'elles ? Nous aurons plus de facilité à nous en servir, c'est entendu ! Mais ce sera toujours une langue étrangère à s'assimiler, et quand cet effort sera réalisé, (j'en reviens à mes moutons) les gens qui n'ont pas le temps ne voudront pas, ne pourront pas en faire d'autre. L'esperanto me suffit : plus de place pour l'étude du français ! — Il y a une fiche de consolation : les traductions du français en esperanto ! Grand merci ! Quelle traduction peut se flatter de faire connaître d'une langue l'intime beauté, l'originalité véritable, cette sorte de parfum subtil par où se décèle et s'insinue l'âme de la race ?...

Non, je ne crois pas que l'esperanto soit, plus que les langues naturelles étrangères, capable ni de préparer ni de suppléer à la connaissance du français. Pour diminuer nos regrets, les Espérantistes voudraient nous persuader que le bienfait de leur propagande est de rallier des gens qui, s'ils n'étaient pas venus à l'esperanto, ne seraient pas allés davantage au français. Qu'en savent-ils ? En tous cas, que n'entreprennent-ils, même à titre d'essai, cette salutaire campagne ? L'enjeu en vaudrait bien la peine : l'union de tous les Français, de tous les amis de la France, autour de ce ferme dessein : aider la langue française, la plus belle qui soit maintenant au monde, à devenir entre les peuples l'instrument des échanges quotidiens, l'organe universel des idées ! Même si ce n'est qu'un beau rêve, n'est-il pas fait pour enflammer les imaginations et les cœurs ?

Qui oserait contester le pouvoir de la langue comme lien de solidarité et de sympathie entre les nations ? La communauté de langage n'abolit pas, c'est évident, toutes les causes de dissentiment ou d'hostilité : là où manque la communauté d'intérêts, de mœurs ou de traditions, elle ne l'improvise pas. Mais dirons-nous qu'elle est un facteur négligeable dans la réalisation du minimum de concorde où nous devons tendre, sous peine d'un recul vers la barbarie primitive ? L'exemple seul de notre Haïti suffirait à prouver le contraire. N'est-ce pas chose merveilleuse, Messieurs, que ce peuple sur qui pendant tant de siècle pesa l'esclavage colonial, ait conservé pour la France, après les sanglants épisodes de la lutte libératrice, une sympathie si ardente à la fois et si réfléchie qu'il ne conçoit pas autrement le problème de son avenir que sous la forme d'un triomphe de la civilisation française ? Une fusion de plus en plus intime du génie français et du sang africain, c'est l'expérience que doit réaliser, dans la pratique de son indépendance, la nation haïtienne. En aurait-elle une conscience aussi nette, si, au lendemain de l'émancipation, elle eût abjuré la langue et la culture françaises ? Je ne le crois pas. Ainsi vous expliquerez-vous l'intérêt passionné que je porte au rayonnement de notre langue commune, et pourquoi j'aurais désiré voir toutes les Ligues de langues artificielles se fondre dans une vaste Union, dans une Alliance française agrandie et rajeunie, où domineraient les anciens fervents de l'Esperantisme, cette fleur éclatante de la traditionnelle générosité française !

Le Président remercie l'orateur dont l'éloquence personnelle est un remarquable argument en faveur de sa thèse, puis il se hâte de donner la parole à M. Bourlet, professeur au Conservatoire national des arts et métiers et à l'école nationale des Beaux-Arts qui, bien qu'interrompu par les sonneries des scrutins, défend la thèse esperantiste avec une chaleur, une sagacité et une émotion patriotique dont l'Assemblée est vivement touchée.

ALLOCUTION DE M. CARLO BOURLET

Les attaques de M. Novicow, les reproches de M. Ajam nous peinent profondément, et nous ne croyons pas les mériter. Certes nous désirerions de tout cœur voir le succès de notre chère langue française comme langue auxiliaire ; et si nous pouvions espérer un seul instant que d'un commun accord tous les autres peuples nous accorderont cet avantage, nous cesserions aussitôt, nous Espérantistes français, de propager l'Esperanto. Nous admirons l'ardeur et le désintéressement de M. Novicow, nous applaudissons à ses efforts ; mais hélas nous n'en voyons guère les heureux effets.

C'est que l'apôtre du français se trompe d'adresse. Il se contente de prêcher à des convaincus. Ce n'est pas dans la Revue des deux Mondes ou d'autres gazettes françaises, ce n'est pas devant des parlementaires français, ce n'est pas en pays de langue française, à Paris, à Bruxelles, à Arlon, qu'il faut porter la bonne parole en faveur de l'adoption du français, c'est à Londres ou à Berlin. Que M. Novicow relise le discours du professeur Hermann Diels pour avoir une idée de l'accueil qu'on lui fera là-bas.

Il nous fait un tableau des progrès de la langue française dans le monde ; mais malheureusement ce tableau *isolé* n'a pas grande signification. En pareille matière il faut procéder par comparaison, et la seule question qu'il s'agit d'élucider est de savoir si le français progresse plus, ou moins que ses rivaux.

Je m'étonne de la désinvolture avec laquelle notre contradicteur traite la langue allemande.

M. Novicow ignore-t-il que l'allemand est aujourd'hui la langue scientifique *écrite* internationale ? C'est là un fait dont il faut rechercher la cause dans le caractère même du savant allemand. Tandis qu'en France l'homme de science, à peine sorti de l'Ecole ou de l'Université, cherche à faire œuvre personnelle, à se dégager de toute tutelle, à devenir un maître, un producteur, un inventeur, on rencontre au contraire, en Allemagne, à côté de quelques grands savants hors pair, une pléiade de travailleurs modestes qui se contentent d'analyser, de compiler et de traduire les œuvres des autres. Tous les travaux scientifiques du monde entier sont ainsi relevés, notés, sinon traduits au complet, dans les innombrables publications éditées à Leipzig, à Berlin, à. Iéna et autres villes allemandes. Lorsqu'un homme de science désire, par la connaissance *d'une seule* langue étrangère, être au courant de tout ce qui se fait dans le domaine qui l'intéresse, il lui suffit d'apprendre l'allemand. Ainsi, lorsqu'après la reconstitution de l'unité italienne, une renaissance scientifique est éclose au delà des Alpes, est-ce presque exclusivement à la Science allemande que s'est tournée la jeune Italie savante. Pouvons-nous espérer regagner le terrain perdu ? Il faudrait pour cela transformer d'abord notre caractère national, étouffer l'esprit d'invention de nos jeunes savants, en faire des rats de bibliothèque. Ce serait dommage ! Pour ma part je préfère qu'un étranger lise mes œuvres dans une traduction en Esperanto, que j'aurai faite moi-même, qu'à travers une adaptation allemande signée d'un nom en *aub* ou en *mann*.

L'anglais, aux yeux de M. Novicow, ne pèse guère plus. Cette langue parlée par 143 millions d'individus dont elle est la langue maternelle, cette langue, indispensable au commerçant et au voyageur, ne l'intéresse pas. Faut-il lui rappeler que, tandis que le nombre de ceux qui parlent le français est resté à peu près stationnaire, celui des gens de langue anglaise a presque *quintuplé en cent ans ?* Aussi, avec une assurance toute américaine, le professeur Brander Matheus affirmait-il récemment dans la revue « The Century » que quoiqu'on fasse, fatalement, l'anglais deviendrait, tôt ou tard, la langue *unique* parlée sur tout le globe. Faut-il rappeler que les peuples d'Extrême-Orient qui s'ouvrent à notre civilisation européenne adoptent tous l'anglais ? Hier c'était le Japon, aujourd'hui c'est la Chine qui, par un récent édit impérial, vient d'imposer l'étude de l'anglais dans toutes ses écoles officielles. Il est vrai que pour M. Novicow le nombre ne compte pas, et il nous raille : s'il fallait faire état de cet argument, ce serait, dit-il, *le chinois* qui aurait la préférence puisqu'il y a 400 millions d'habitants dans le Céleste Empire. Comment se fait-il que M. Novicow, un philologue de talent, ignore qu'en Chine on parle environ *quarante* langues différentes, aussi différentes entre elles que l'anglais et le français ? A chaque instant nous rencontrons ici à Paris des Chinois qui pour s'entendre sont obligés de parler entre eux l'anglais. C'est une erreur vulgaire de croire qu'il n'y a *qu'une* langue chinoise parce qu'il n'y a qu'une écriture *idéographique* commune ; je m'étonne qu'un savant comme M. Novicow paraisse partager cette ignorance.

Ayons le courage de ne pas nous bercer d'illusions chimériques en fermant obstinément les yeux à la réalité. Une statistique comparée sérieuse établit, hélas ! que depuis un siècle les chances du français comme langue auxiliaire n'ont pas cessé de décroître. Remercions, de leur enthousiasme et de leurs sympathies, M. Novicow, M. Sylvain, et tous les amis de la France qui veulent aider à sa grandeur ; mais ne nous laissons pas entraîner par leurs conseils trop flatteurs. A parler avec feu de l'expansion du français, dans les lieux publics et à la tribune, on se taille des succès faciles ; le rôle de Cassandre que jouent les Espérantistes est bien ingrat et déplaît aux foules. Il faut cependant oser dire la vérité.

M. Ajam nous accuse d'antipatriotisme. Qu'il veuille bien croire que nous aimons notre patrie autant que lui. Le vrai patriotisme consiste-t-il à s'efforcer, à peu près exclusivement, à répandre à l'extérieur la connaissance de la *langue* française, au risque, peut-être, d'en voir faire un usage détestable ? Ou bien plutôt le vrai patriotisme consiste-t-il, par tous les moyens possibles, par les plus simples et les plus rapides, à étendre *l'influence* française, à faire aimer la France, à faire connaître au loin les œuvres de ses penseurs, de ses savants, de ses artistes, à contribuer à l'expansion de son commerce et de son industrie ? Si c'est là le rôle et le devoir du bon patriote, qui ne comprend pas que l'Esperanto peut devenir dans ses mains un puissant auxiliaire ?

Comme l'a dit à l'instant M. Cart, le français n'a rien à craindre de l'Esperanto, tout au contraire. M. Novicow, M. Dauzat, M. Sylvain et tous les défenseurs de la langue française se contentent de nous montrer qu'elle est la langue internationale *des élites*, la langue des salons, celle que tout homme de goût tient à connaître. Nous sommes sur ce point en complet accord avec eux, et nous espérons bien que notre langue ne perdra pas cet avantage. Nous croyons même travailler à l'assurer dans l'avenir.

Jadis, avant que la Science du XIXe siècle nous ait fourni les moyens de communication dont nous disposons aujourd'hui, les relations internationales étaient si faibles qu'on n'apprenait guère une langue étrangère pour un but pratique, mais uniquement pour cultiver son esprit. Alors, dans tout le monde civilisé, on apprenait le français, non pas pour écrire une lettre de commerce ou pour se faire comprendre en voyage, mais pour

lire, dans le texte, Corneille, Racine, Molière,
Voltaire et Rousseau. Le jour où l'Esperanto,
grâce à sa neutralité, à sa facilité et sa simplicité,
sera enseigné dans toutes les Ecoles *primaires*
du monde, le jour où il nous aura fourni la solution définitive du problème de l'intercompréhen-
sion universelle, on cessera d'apprendre des langues étrangères pour des fins utilitaires, on
reviendra aux traditions passées. Qu'avons-nous
alors à craindre de cette libre concurrence ? M.
Ajam douterait-il de la valeur de nos auteurs et
de nos savants contemporains ?

Entre tous les parlers qui actuellement sont
employés pour un usage international, le français
est peut-être le seul qui occupe un domaine que
l'existence d'une langue neutre pratique ne pourra
qu'élargir. Par l'Esperanto, sans effort, sans
violence, insensiblement, la pensée française s'in-
filtrera partout. Ce n'est pas la langue d'un peuple
qui propage son influence ; c'est au contraire son
influence qui propage sa langue.

Dans son remarquable rapport sur le budget de
l'Instruction publique, M. Steeg croit devoir insis-
ter sur la nécessité de développer l'enseignement
du français à l'étranger comme moyen primordial
et presque indispensable à notre expansion. Je
ne suis pas de son avis ; et je trouve dans son
rapport même les éléments de ma démonstration.

L'honorable rapporteur nous cite l'exemple de
l'Alsace. C'est là un sujet qui m'est familier ; car,

né à Strasbourg d'une vieille famille alsacienne, j'appartiens à cette catégorie de français auxquels il n'a pas suffi de naître en France, qui ont dû, en des jours douloureux, quitter la petite patrie pour la grande et abandonner sans retour la terre de leurs aïeux pour conserver leur nationalité. Or mon pays n'est-il pas un exemple frappant du fait que la connaissance de la langue d'un peuple n'est nullement nécessaire à la pénétration profonde de son influence ? Pendant les deux siècles durant lesquels l'Alsace a été terre française aucun de nos gouvernements n'a cru devoir s'efforcer d'en extirper le parler local. Sous le second Empire il y avait encore maintes écoles dans des villages d'Alsace où on enseignait en allemand. Ces Alsaciens qui ne savaient pas un mot de français n'étaient-ils pas cependant de bons patriotes ? Est-il un coin de France où les grandes idées de la Révolution aient été mieux accueillies que dans ce pays de langue allemande ? En est-il un qui ait fourni à notre armée de plus vaillants officiers ? Et aujourd'hui, après quarante années d'occupation allemande, ce petit peuple, qui ne parle pas le français, étonne le monde par sa résistance farouche à la germanisation et par son attachement à la France et à sa culture.

Rien n'est plus cher à un homme que la langue de ses pères. Elle est un de ses biens les plus précieux ; il la défend avec passion contre tout ce qui pourrait atteindre son existence ou son prestige. Nos gouvernements passés avaient agi avec sagesse en s'abstenant de contraindre l'alsacien à la connaissance du français; aujourd'hui la France en est récompensée.

Le sera-t-elle de même de son attitude actuelle envers la Belgique ? La lutte ardente entre Wallons et Flamands est une preuve éclatante de ce que je viens d'affirmer. Avons-nous donc raison, sous le prétexte de défendre *l'influence* française, de nous mêler de cette question de politique intérieure d'un pays voisin et ami ? Nos journaux, en prenant parti contre les « flamingants », l'Université de Paris, en invitant M. Willmotte, le champion de la cause wallonne, à faire en Sorbonne des conférences sur ce sujet brûlant, le rapporteur du budget de l'Instruction publique, en encourageant ces manifestations, ont-ils été bien inspirés ? Je ne le crois pas. Les habitants du nord de la Belgique n'ont déjà que trop de raisons, par leur idiome, par leur voisinage, par leurs relations commerciales, de subir l'influence allemande. En essayant de faire dominer notre langue, nous risquons de perdre à jamais leur amitié.

Chaque fois que l'on veut imposer à une population une langue *nationale* étrangère, on se heurte à des résistances invincibles. Voilà pourquoi nous, Espérantistes, nous sommes convaincus qu'une langue *neutre* nous permettra, mieux que tout autre, de faire connaître et aimer la France. Est-ce là un renoncement à toute expansion de notre langue ? Certes non. Mais nous estimons qu'au lieu de contraindre les autres à apprendre le français, par force ou par persuasion, il vaut mieux leur en inspirer le désir.

Pour combattre nos affirmations, on nous cite les pays séparés depuis longtemps de la France, tel le Canada, et où notre langue persiste avec une vitalité admirable. De tels exemples ne font que renforcer notre thèse et prouvent la difficulté de l'interpénétration des langues nationales. Le Canada est même à cet égard un exemple typique de la concordance stricte entre le développement du français et celui de la population d'origine française. Il y a actuellement dans ce pays 1.700.000 canadiens français contre 3.725.000 canadiens anglais. C'est dire qu'aucun immigrant anglais n'a adopté le français. D'ailleurs c'est un fait bien connu que presque tous les canadiens français parlent l'anglais ; mais qu'inversement il est très rare de rencontrer un canadien anglais sachant le français.

Si l'Esperanto ne peut, à notre avis, que nous rendre des services à l'extérieur, nous sommes tout aussi certains qu'il serait très utile à l'intérieur, dans nos Ecoles.

On parle beaucoup en ce moment de la « crise du français ». Nos enfants, paraît-il, ne savent pas l'orthographe, ne savent pas la grammaire, ne savent pas écrire en français. Or la cause primordiale de cet état de choses provient sans aucun doute du développement exagéré de l'enseignement des langues étrangères par les méthodes directes. Poussés par la nécessité, nous avons demandé aux professeurs de langues vivantes d'apprendre à nos enfants à *parler* l'allemand et l'anglais. Peu nous importe qu'ils connaissent Schiller, Goethe ou Shakespeare, ce que nous voulons, c'est qu'ils puissent lire un texte courant, une lettre, un journal, qu'ils puissent se faire comprendre en voyage. Berlitz et ses émules nous ont satisfait. Plus de grammaire, plus d'analyse de textes, plus d'études littéraires : la conversation *pratique* avant tout et à l'exclusion de tout. Nos fils et nos filles apprennent les langues étrangères comme s'ils devaient tous devenir des portiers de grands hôtels. Quoi d'étonnant qu'une pareille éducation *littéraire* produise des résultats fâcheux ?

L'Esperanto remettra les choses en place. L'écolier l'apprendra en se jouant dans les classes primaires ; puis, débarrassé de la sorte du côté *pratique,* il pourra de nouveau étudier le français, les langues anciennes et modernes, non plus au point de vue utilitaire actuel, mais à un point de vue éducatif et littéraire. D'ailleurs l'Esperanto lui-même servira de base et de moyen de comparaison. Sa grammaire sans exception, la logique impeccable de sa construction, sa syntaxe analytique éclairent les difficultés et obligent à la réflexion et au raisonnement. L'un des plus célèbres latinistes de l'Université de Cambridge, le professeur Mayor, a affirmé publiquement que l'étude de l'Esperanto était la meilleure préface à celle des autres langues.

L'Esperanto est à la littérature ce que la photographie est à la peinture. La vue d'une bonne photographie d'un tableau nous inspire le vif désir d'en connaître l'original ; de même la lecture d'une bonne traduction en Esperanto d'une œuvre littéraire nous incite à étudier le texte primitif.

Pas plus que la photographie n'a tué l'art, l'Esperanto ne nuira à nos langues nationales.

Le Président, obligé à son grand regret de lever la séance, remercie M. C. Bourlet au nom de tous ses collègues. Il constate qu'il est un point sur lequel tous les orateurs se sont trouvés d'accord : c'est leur culte passionné de la civilisation française.

Il enregistre le vœu général de voir publier le compte rendu de cette réunion au cours de laquelle les deux thèses ont été exposées avec une clarté suffisante pour que chacun

puisse assurer son opinion et avec assez de
sincérité de part et d'autre pour que l'espoir
d'une entente puisse ne point paraître trop
chimérique.

TABLE DES MATIÈRES

∞   ∞

✠   ✠

LA FLÈCHE. — IMPRIMERIE CHARIER-BRULAY.

DERNIÈRES PUBLICATIONS DE LA CONCILIATION

COLLECTION DE LA CONCILIATION INTERNATIONALE

NOTICE BIOGRAPHIQUE, par G. Rudler.

I. — INTÉRÊTS NATIONAUX

CONTRE LA REPRÉSENTATION COLONIALE. — CONTRE LA PORNOGRAPHIE. — POUR L'AGRICULTURE. — POUR LES TRANSPORTS. — POUR LA LOIRE NAVIGABLE. — LES CONFÉRENCES CONSULAIRES. — PROGRAMME DU COMITÉ DE DÉFENSE DES INTÉRÊTS NATIONAUX. — ÊTRE UTILE. — LA FORÊT, par M. d'Estournelles de Constant.

II. — GROUPE PARLEMENTAIRE DE L'ARBITRAGE ET CONCILIATION INTERNATIONALE

PROGRAMME DU GROUPE PARLEMENTAIRE FRANÇAIS DE L'ARBITRAGE INTERNATIONAL. — PROGRAMME DE LA SOCIÉTÉ DE CONCILIATION INTERNATIONALE. — LE PÉRIL PROCHAIN. L'EUROPE ET SES RIVAUX. — CONCURRENCE ET CHOMAGE. — LE PÉRIL JAUNE. — L'ALSACE-LORRAINE. — LE TRANSVAAL ET L'EUROPE DIVISÉE. — VERS LA FÉDÉRATION EUROPÉENNE. — DISCOURS DE BUDA-PESTH (1901), DE CHICAGO (1902), DE LONDRES (1903). — LE RAPPROCHEMENT FRANCO-ANGLAIS. — LE MOUVEMENT PACIFIQUE. — LA CONCILIATION INTERNATIONALE. — LA RÉCEPTION DES PARLEMENTAIRES SCANDINAVES EN 1904. — L'ORGANISATION DE LA PAIX. — LA POLITIQUE DES TEMPS NOUVEAUX. — LE MENSONGE DU PACIFISME. — POUR LA LIMITATION DES DÉFENSES NAVALES. — LA FRANCE POURRAIT-ELLE S'ENTENDRE AVEC L'ALLEMAGNE ? — LES DEUX POLITIQUES. — LE PROBLÈME DE LA PAIX. — POUR L'ARBITRAGE. — LIMITATION DES ARMEMENTS. — L'ENTENTE CORDIALE EST UN COMMENCEMENT. — LE DISCOURS DE PITTSBURGH (1907). — LA SANCTION DU DROIT INTERNATIONAL. — L'ENTENTE CORDIALE FRANCO-AMÉRICAINE. — LA VISITE DE LONDRES.

NOS BULLETINS. — AVRIL ET NOVEMBRE 1906 ; MARS 1907 ; JANVIER, MAI, JUILLET, OCTOBRE 1908. — NOS BULLETINS MENSUELS DE 1909 ET 1910 (voir au dos).

EN PRÉPARATION :

NOS BULLETINS DE 1911.

UNE CAMPAGNE DE CONFÉRENCES AUX ÉTATS-UNIS (mars-avril-mai-juin 1911). 1 vol. in-18, par M. d'Estournelles de Constant.

LETTRES DES DEUX CONFÉRENCES DE LA HAYE (1899-1907). 1 vol. in-18, par M. d'Estournelles de Constant.

LA FLÈCHE. — IMPRIMERIE CHARIER-BEULAY.

www.ingramcontent.com/pod-product-compliance
Lightning Source LLC
Chambersburg PA
CBHW051148050726
47594CB00003B/1298